1
10
100
1,000
10,000
100,000
1,000,000

¿CUÁNTO ES UN MILLÓN?

¿CUÁNTO ES

por David M. Schwartz

1,000,000

MARAVILLÓN

SCHOLASTIC INC.
New York Toronto London Auckland Sydney

¿UN MILLÓN?

ilustraciones de Steven Kellogg

EL MAGO MATEMÁTICO

A mamá y papá que me iniciaron en los números pequeños.
A Judy que me ayudó a mantener el paso y
también a Mary Lou que es una en un millón.
—DMS

A Pam y Steve con un millón de cariñosos deseos.
—SK

Nota del Traductor:

En la traducción se han tenido en cuenta las equivalencias siguientes:

	Español	Inglés (E.U.)	base 10
1 000	mil	one thousand	10^3
1 000 000	un millón	one million	10^6
1 000 000 000	mil millones	one billion	10^9
1 000 000 000 000	un billón	one trillion	10^{12}
1 000 000 000 000 000	mil billones	one quadrillion	10^{15}

How Much Is a Million?/¿Cuánto es un millón?

No part of this publication may be reproduced in whole or in part, or stored in a retrieval system, or transmitted in any form or by any means, electronic, mechanical, photocopying, recording, or otherwise, without written permission of the publisher. For information regarding permission, write to Lothrop, Lee & Shepard Books, a division of William Morrow & Company, Inc., 1350 Avenue of the Americas, New York, NY 10019.

Text copyright © 1985 by David M. Schwartz.
Illustrations copyright © 1985 by Steven Kellogg.
Spanish translation copyright © 1993 by Scholastic Inc.
All rights reserved. Published by Scholastic Inc., 730 Broadway, New York, NY 10003, by arrangement with Lothrop, Lee & Shepard Books, a division of William Morrow & Company, Inc.
Printed in the U.S.A.
ISBN 0-590-47393-X
ISBN 0-590-29169-6 (meets NASTA specifications)

1 2 3 4 5 6 7 8 9 10   18   00 99 98 97 96 95 94 93

MARAVILLÓN   EL MAGO

MATEM

SI UN MILLÓN DE NIÑOS Y NIÑAS SE SUBIERAN
UNO ENCIMA DE OTRO, SE VERÍAN...

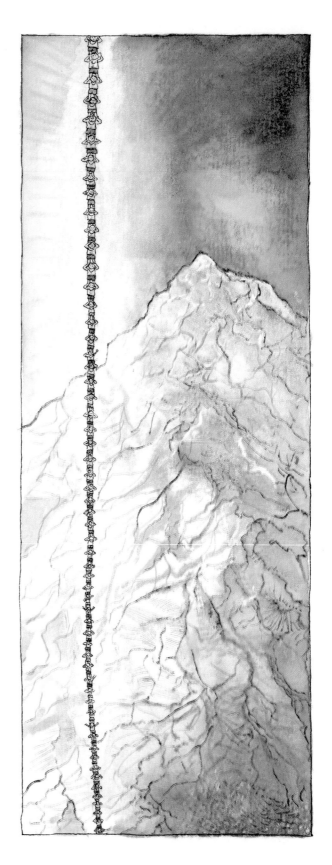

MÁS ALTOS QUE
EL EDIFICIO MÁS ALTO,

Y AÚN MÁS ALTOS QUE
LA MONTAÑA MÁS ALTA,

Y LLEGARÍAN MÁS ALTO QUE CUALQUIER AVIÓN.

SI QUISIERAS CONTAR DE UNO A UN MILLÓN...

TARDARÍAS UNOS 23 DÍAS.

SI UNA PECERA FUERA TAN GRANDE COMO
PARA CONTENER UN MILLÓN DE PECES DORADOS...

ÉSTA SERÍA LO SUFICIENTEMENTE GRANDE COMO PARA CONTENER A UNA BALLENA.

¡LISTO! CIEN ESTRELLAS.
SI ESTE LIBRO TUVIERA UN MILLÓN DE ESTRELLITAS,
ÉSTAS LLENARÍAN SETENTA PÁGINAS. ¡SUBAN A BORDO!

¿CUÁNTO SON MIL MILLONES?

SI MIL MILLONES DE NIÑOS Y NIÑAS
HICIERAN UNA TORRE HUMANA...

LLEGARÍAN MÁS ALLÁ DE LA LUNA.

SI TE SENTARAS A CONTAR DE UNO A MIL MILLONES...

TARDARÍAS 95 AÑOS.

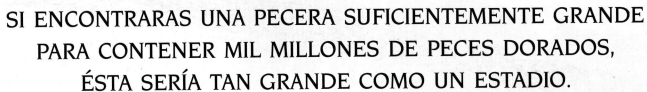

SI ENCONTRARAS UNA PECERA SUFICIENTEMENTE GRANDE
PARA CONTENER MIL MILLONES DE PECES DORADOS,
ÉSTA SERÍA TAN GRANDE COMO UN ESTADIO.

SI ÉSTE LIBRO TUVIERA MIL MILLONES DE ESTRELLITAS...

SUS PÁGINAS UNA AL LADO DE LA OTRA
ALCANZARÍAN DIEZ MILLAS DE DISTANCIA.

¿CUÁNTO ES UN BILLÓN?

SI UN BILLÓN DE NIÑOS Y NIÑAS SE SUBIERAN
UNO ENCIMA DE OTRO, LLEGARÍAN
MUCHO, MUCHO, MUCHO MÁS ALLÁ DE LA LUNA —

SI QUISIERAS CONTAR DE UNO A UN BILLÓN...

TADARÍAS UNOS 200,000 AÑOS.

SI PONES UN BILLÓN DE PECES DORADOS EN UNA PECERA...

ESTA PECERA TENDRÍA QUE SER TAN GRANDE
COMO EL PUERTO DE UNA CIUDAD.

SI PONES UN BILLÓN DE ESTRELLAS
EN UN GIGANTESCO ROLLO DE PAPEL, ÉSTE LLEGARÍA
DESDE NUEVA YORK A NUEVA ZELANDA.

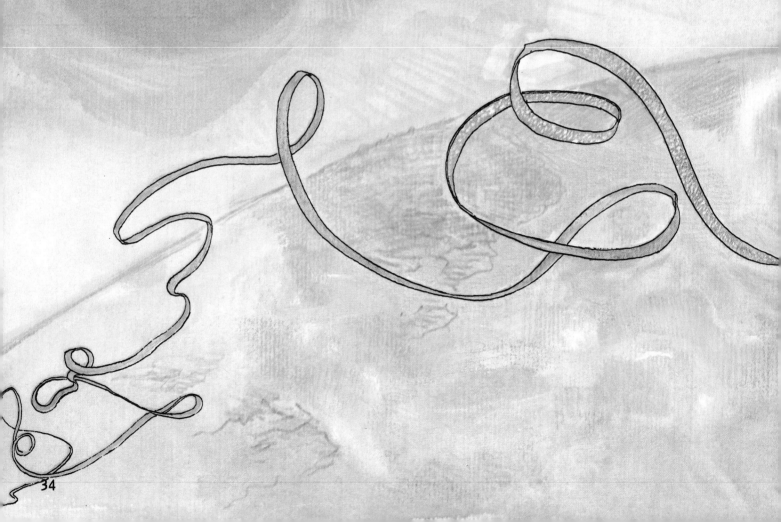

UNA NOTA DEL AUTOR

Para los lectores que quieran seguir a Maravillón en su viaje aritmético, aquí tienen los cálculos que yo he usado. Tengan en cuenta que un millón son mil millares, mil millones son un millar de millones y un billón es un millón de millones. ¡Lejos nos vamos!

MÁS ALTO QUE...

Hay niños y niñas que son altos y otros que son bajos, pero el promedio de altura de un estudiante de primaria es de 4'8". Como los hombros de un niño de 4'8" de altura son cuatro pies de alto, la altura de una torre formada por niños y niñas subidos uno encima de los hombros del otro, medida en pies, sería equivalente a 4 veces el número de niños participantes. Así es que una columna formada por un millón de niños tendrá 4 millones de pies en altura, lo que es aproximadamente 757 ½ millas.[4,000,000 pies ÷ 5,280 pies por milla = 757.58 millas.] El monte Everest, el más alto del mundo, mide 29,028 pies (5 ½ millas) de altura. Las nubes que estan a más altura se llaman cirros, y pueden encontrarse a 45,000 pies (¼ millas) de altura. Cuando los aviones de pasajeros viajan a largas distancias normalmente se elevan a 35,000 pies sobre la tierra, y la altura máxima a la que un avión ha volado sobre la tierra es de unos 86,000 pies de altura (16 ¼ millas).

Mil millones de nuestros niños participantes de 4'8" de estatura, medirían uno sobre otro cuatro mil millones de pies de altura, que es más o menos lo mismo que unas 758,000 millas. [4,000,000,000 pies ÷ 5,280 pie por milla = 757,575 millas.] La luna está a unas 239,000 millas de la tierra, así es que de hecho esta torre humana llegaría aproximadamente tres veces más lejos que la luna.

Un billón de nuestros niños participantes de 4'8" de estatura, medirían uno sobre otro cuatro billones de pies de altura, que es un poco menos que 758 millones de millas. [4,000,000,000,000 pies ÷ 5,280 pies por milla = 757,575,757 millas.] La luna, como dijimos antes, está a unas 239 mil millas de la tierra. La distancia del planeta Marte varía entre 35 y 248 millones de millas, dependiendo de su órbita en relación a la Tierra, y el planeta Júpiter está entre 390 y 576 millones de millas de la Tierra. Cuando Saturno, el planeta de los anillos, se encuentra más cerca de la Tierra, está a 734 millones de millas; y cuando se encuentra más lejos en su órbita está a más de mil millones (1,000 millónes) de millas de distancia. Por lo tanto, nuestra torre imaginaria de un billón de niños alcanzaría los anillos de Saturno solamente cuando éste estuviera más próximo a la tierra. Sin embargo, la mayor parte del tiempo nuestros niños espaciales no conseguirían la altura necesaria para alcanzarlo.

SI QUISIERAN CONTAR...

La mayoría de los números entre uno y un millón son largos y difíciles de decir. Aunque al principio los números son fáciles, pronto pasarán a los más difíciles como el 69,828 (sesenta y nueve mil ochocientos veinte y ocho) o el 711,499 (setecientos once mil cuatrocientos noventa y nueve). Probablemente les tomará dos segundos decir números tan largos como éstos. Supongamos que se ponen a contar de uno a un millón y no paran a comer ni a dormir; y supongamos que les toma dos segundos pronunciar cada número. Hay un millón de números, por lo tanto, tardarían dos millones de segundos en decirlos todos. Dos millones de segundos es lo mismo que 33,333 minutos, que es igual a 555 ½ horas...¡que es aproximadamente igual a 23 días! [2,000,000 segundos ÷ 60 segundos por minuto ÷ 60 minutos por hora ÷ 24 horas por día = 23.148 días.]

Al contar del uno a mil millones, encontrarán que los números después del primer millón toman más tiempo en pronunciarse que los números que están antes del primer millón. Digan por ejemplo 98,726,803 (noventa y ocho millones, setecientos veinte y seis mil ochocientos tres) o 347,996,268 (trecientos cuarenta y siete millones, novecientos noventa y seis mil doscientos sesenta y ocho). ¿Cuánto tardaron en decir cada uno de estos números? Si están apurados pueden decir los números tan largos como éste en tres segundos. De hecho pronunciando sílaba por sílaba tardarían un poquito más de tres segundos, pero como algunos números (22 ó 4,500) son fáciles de decir podemos decir que tres segundos es un buen promedio de tiempo para contar los números del uno a mil millones.

Entonces, para contar todos estos números (hay mil millones de números) tardarían tres mil millones de segundos, que es lo mismo que 50 millones de minutos, que es igual a 833,000 horas, que a su vez es igual a 34,000 días, que también vienen a ser unos 95 años. [3,000,000,000 segundos ÷ 60 segundos por minuto ÷ 60 minutos por hora ÷ 24 horas por día ÷ 365 días por año = 95.1294 años.] ¡Y recuerden que tardarían todo este tiempo siempre y cuando no se detuvieran a descansar jamás! ¡Buena suerte!

Ya que los números entre uno y un billón son todavía más largos que de uno a mil millones, el promedio de tiempo requerido para pronunciarlos es también más largo. Prueben decir por ejemplo, 369,472,888,227 (trecientos sesenta y nueve mil cuatrocientos setenta y dos millones, ochocientos ochenta y ocho mil doscientos veinte y siete). ¿Cuánto tiempo les tomó? Yo diría que seis segundos es el promedio de tiempo por cada número al contar de uno a un billón (¡recuerden, deben pronunciar cada sílaba!).

Eso significa que tardarían seis billones de segundos o 190,259 años en contar de uno a un billón, suponiendo que la ciencia haya descubierto el secreto de la inmortalidad mucho antes de que lleguen a esta meta. [6,000,000,000,000 segundos ÷ 60 segundos por minuto ÷ 60 minutos por hora ÷ 24 horas por día ÷ 365 días por año = 190,259 años.]

PECES DORADOS...

Como regla general una pecera debe contener un galón de agua por cada pez dorado que mida una pulgada de largo. Eso significa que un millón de peces dorados requieren una pecera que contenga un millón de galones de agua. Un pie cúbico de agua contiene 7 ½ galones, entonces un millón de galones equivale a 133,333 pies cúbicos de agua. [1,000,000 galones ÷ 7.5 galones por pie cúbico = 133,333 pies cúbicos de agua.]

La forma de una pecera es aproximadamente una esfera con el fondo ligeramente aplastado para que se pueda poner sobre una mesa o un estante. El volumen de una esfera se calcula a ⅘πr^3, pero como no la llenaríamos de agua completamente, nuestra pecera tendría menos agua: πr^3 sería el cálculo razonable. Un recipiente que contiene 133,333 pies cúbicos de agua tiene entonces unos 35 pies de radio. [¡Créanme!] Ya que el diámetro de una esfera es dos veces su radio, la pecera tendría 70 pies de ancho. Las ballenas adultas de distintas especies crecen hasta 60 pies de largo, entonces una de ese tamaño podría caber en nuestra pecera, aunque no estaría muy feliz allí por mucho rato.

Mil millones de peces dorados necesitan mil millones de galones de agua, lo que equivale a 133 millones de pies cúbicos. [1,000,000,000 galones ÷ 7.5 galones por pie cúbico = 133,333,333 pies cúbicos.] En New Orleans está el *Superdome* de Louisiana, uno de los estadios más grandes de Norteamérica, que mide 680 pies de diámetro y 283 pies de altura.

Geométricamente un estadio es muy parecido a un cilindro, el volumen del cual se calcula multiplicando el área de la base por la altura. El volumen del *Superdome* es de unos 102,724,000 pies cúbicos, número aproximado a la cantidad de agua requerida para nuestros peces.[El área de un círculo es πr^2; en este caso r es el radio del círculo formado por la base del estadio que mide 340 pies; π es casi 3.14, entonces el área de la base se estima en 362,984 pies cuadrados. Multiplicando esta superficie por una altura de 283 pies, obtenemos un volumen de 102,724,472 pies cúbicos, un poco menos de 133 millones de pies cúbicos requeridos por mil millones de nuestros peces.]

Un billón de galones son aproximadamente 133 mil millones de pies cúbicos de agua. [1,000,000,000,000 galónes ÷ 7.5 galones por pie cúbicó = 133,333,333,333 pies cúbicos.] ¿Cuánta agua hay en la bahía de una ciudad? Por supuesto esto varía de acuerdo a la ciudad, pero sería razonable imaginarse un gran puerto natural en forma semicircular extendiéndose siete millas tierra adentro y con un promedio de profundidad de 50 pies. El volumen de agua que contendría esta bahía sería de unos 100 mil millones de pies cúbicos, casi lo lo que necesitaría nuestro enorme banco de peces . [El volumen equivale al área multipicada por la profundidad. Ya que la forma de la bahía es semicircular, el área es $\frac{1}{2}\pi r^2$; r = 7 millas x 5,280 pies por milla = 36,960 pies; el área = ½ x 3.14 x (36,960)^2 = unos 2.14 mil millones pies cuadrados de agua. Entonces este volumen sería aproximadamente 2 mil millones x 50 = 100 mil millones de pies cúbicos de agua.]

ESTRELLITAS...

El diseño básico de estrellas que hemos empleado, tiene 108 estrellas a lo ancho y 133 estrellas a lo largo; 108 x 133 = 14,364 estrellas por página. Como hay siete páginas tenemos 7 x 14,364 estrellas = 100,548 estrellas. Esto es más de 100,000 estrellas incluyendo los distintos tamaños que hemos usado.

Como han visto, cien mil estrellas se pueden poner en siete páginas. Un millón es diez veces más grande que cien mil, entonces necesitaríamos 10 x 7 páginas = 70 páginas para mostrar un millón de estrellas.

Ya que mil millones es un millar de millones se necesitarían llenar 1,000 x 70 páginas = 70,000 páginas para mostrar mil millones de estrellitas. Setenta mil páginas de 9 pulgadas de ancho se extenderían a lo largo de 9.94 millas de distancia. [70,000 x 9 pulgadas = 630,00 pulgadas ÷ 12 pulgadas por pie ÷ 5,280 pies por milla = 9.94 millas.]

Ya que mil millones de estrellas abarcan unas 10 millas y un billón es un millar de millones, un billón de estas mismas estrellitas se extenderían por 10,000 millas. Por ejemplo la distancia que hay entre Auckland, Nueva Zelandia y la ciudad de Nueva York es de 10,194 millas.

D.M.S.